GW01424184

De nos jours, explorer Paris depuis la Se... n'est pas moins fascinant que ne le disait l... me si les bateaux mouches éta... otés de machines construites à La Mou... rd'hui le nom d'une des quatre compag... ffrent au visiteur ce qui est peut-être la ... joyau.

Il existe d'autres options séduisant... Batobus, un service de "bus fluviaux" à horaires fixes ...on; les deux lignes régulières d'autobus (24 et 72) qui longent la Seine du Pont Sully à l'Est au Pont de Grenelle à l'Ouest, ainsi que le Métro et le RER. Pour des forfaits de transport à prix modique, renseignez-vous à une station de Métro ou de RER sur la carte "Paris-Visite", valable pour le Métro, les autobus, le RER et les trains SNCF. Envisagez aussi l'achat d'une carte "Inter-Musée", valable pour les Musées et Monuments, et qui vous économisera du temps (pas de queue) et d'argent.

Pour ceux qui le peuvent, la meilleure façon de découvrir Paris reste la marche. Nous indiquons un itinéraire pédestre de choix: les berges, au niveau de l'eau, reposent délicieusement de l'agitation des quais, au-dessus. A la nuit, les illuminations des principaux monuments le long du fleuve décuplent le plaisir que pouvait éprouver Lowell.

Quel que soit votre choix pour explorer Paris le long de la Seine, une chose est sûre: vous en garderez le souvenir votre vie durant.

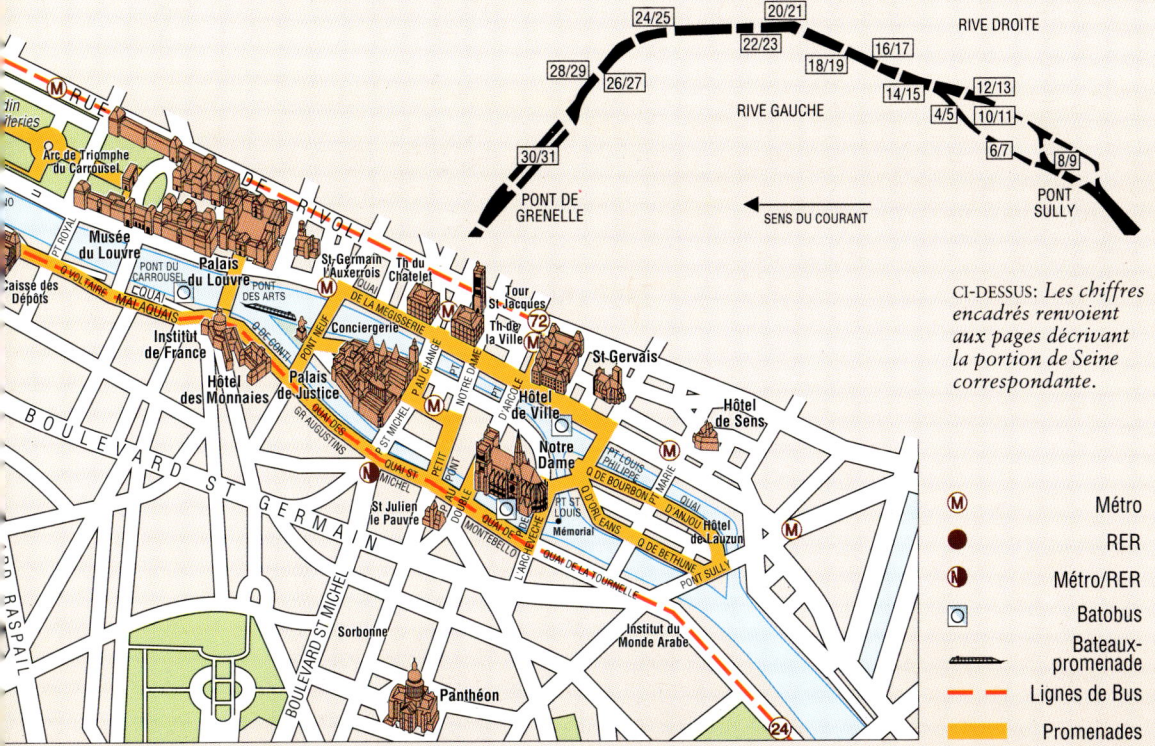

CI-DESSUS: *Les chiffres encadrés renvoient aux pages décrivant la portion de Seine correspondante.*

Le Pont-Neuf

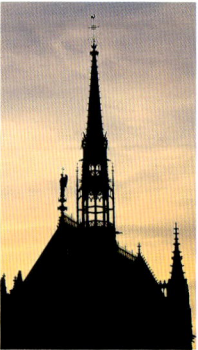

CI-DESSUS: *La flèche caractéristique et le toit de la Sainte Chapelle émergent au milieu de la masse du Palais de Justice.*

CI-CONTRE: *Les nombreux vitraux de la Sainte-Chapelle, les plus anciens de Paris, illustrent plus de 1100 scènes bibliques et en font une châsse de verre, merveille de l'art gothique.*

CI-DESSUS: *"Elle flotte et ne sombre pas"* (devise de Paris). *Vue du Pont des Arts, l'île de la Cité semble un bateau amarré aux deux parties du Pont-Neuf. Le soleil couchant caresse le dôme de l'Institut de France.*

A DROITE, EN HAUT: *Couronnant les murs des quais, les boîtes cadenassées des bouquinistes contiennent de tout, depuis des affiches, gravures, cartes postales, jusqu'à d'obscurs traités savants, en passant par des oeuvres littéraires.*

A DROITE, EN BAS: *les grotesques du Pont-Neuf évoquent les bonimenteurs qui s'y activaient au 17ème siècle.*

Le Pont-Neuf est, de nos jours, le plus ancien pont de Paris. Henri IV l'inaugura en décembre 1605. Large, dégagé, sans maisons, bordé de trottoirs surélevés pour les piétons, ce qui était une nouveauté, le pont devint un nouveau pôle d'attraction dans la ville. Très vite, il grouilla de charlatans, de vauriens, de racoleurs, de coupeurs de bourse, de rebouteux, de jongleurs, de marchands de victuailles. Une statue équestre le domine: c'est celle du "bon roy Henry" sans conteste le plus populaire et sans doute le plus pittoresque de nos rois, celui qui voulait que "chaque laboureur en son royaume puisse mettre une poule au pot", et qui imposa une longue trêve aux guerres de religion. Même ses innombrables aventures amoureuses gagnèrent au "Vert-Galant" plus de complicité amusée que de réprobation. Derrière la statue se trouve l'accès au Square du Vert-Galant, oasis de paix et de repos pour le piéton.

Sur la rive Sud de l'île, on voit le Quai des Orfèvres, avec, au No 36, le siège de la Police Judiciaire, rendu

célèbre par l'inspecteur Maigret de Simenon. Au-dessus du Palais de Justice jaillit la flèche élancée de la Sainte-Chapelle édifiée par St Louis (1248). Devenue un entrepôt de farine sous la Révolution, la chapelle porta jusqu'en 1837 l'inscription "Propriété nationale à vendre". Haussmann et Viollet-le-Duc en assurèrent la restauration.

Sur la rive gauche, les belles maisons des 17ème et 18ème siècles, Quai des Grands-Augustins, occupent l'emplacement de l'ancien monastère de cet ordre.

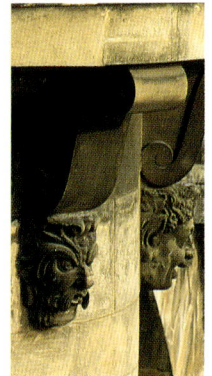

Le Petit-Pont

CI-CONTRE: *Les illuminations font ressortir la splendeur de Notre-Dame, la première des grandes cathédrales gothiques de France. Le chevet, avec ses magnifiques arcs-boutants, fut achevé en 1345.*

A L'EXTREME-DROITE: *Les nombreuses petites rues anciennes de la rive gauche sont pleines d'intérêt pour le visiteur. Un virtuose du portrait-minute, sur le Pont au Double, divertit le passant tout en créant un souvenir original.*

CI-DESSOUS: *Notre-Dame doit une part de sa renommée à ses gargouilles en pierre sculptée. La flèche, détruite sous la Révolution, a été reconstruite au 19ème siècle par Viollet-le-Duc, qui s'est lui-même représenté parmi les statues de bronze des saints.*

Le Pont Saint-Michel fut construit en 1857, lorsque le dédale de rues insalubres de la rive gauche fut rasé pour créer la Place Saint-Michel. Il remplace un pont bâti en 1378; c'est le cinquième à cet emplacement. Le Petit-Pont occupe le site du plus ancien de tous les ponts, celui qu'avaient bâti les Romains. Pendant des années, ce fut le seul pont vers le Sud, protégé par le Petit-Châtelet, un corps de garde fortifié servant aussi de prison, construit d'abord en bois, puis reconstruit en pierre en 1369 et qui subsista pendant quatre siècles. La rue du Chat-qui-Pêche, la plus étroite de Paris, s'ouvre sur le quai à l'Ouest du Petit-Pont. L'église de Saint-Julien-le-Pauvre, une des plus anciennes (1240) de Paris, s'élève au fond du square Viviani. Derrière le quai de Montebello court la rue de la Bûcherie, du début du 13ème siècle.

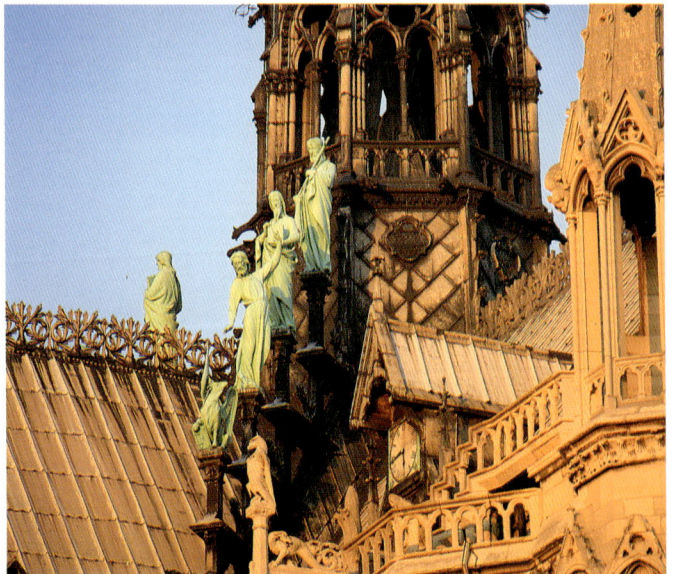

Devant la façade de Notre-Dame, c'est le Parvis, "point zéro" de toutes les routes de France. Sous la place se trouve la très belle crypte archéologique.

Notre-Dame, "la paroisse de l'histoire de France", fut le témoin d'innombrables événements historiques, depuis le départ de Saint Louis pour la croisade jusqu'à la cérémonie solennelle à la mémoire du Général de Gaulle, le 12 novembre 1970, en présence de chefs d'Etat du monde entier. Chose incroyable, Notre-Dame faillit être démolie; le célèbre roman de Victor Hugo, *Notre-Dame de Paris,* contribua en partie à la sauver.

CI-DESSUS: *A l'extrémité Est de l'île, une sculpture austère fait partie du Mémorial de la Déportation. Des veilleuses évoquent les milliers de Français déportés par le Nazisme.*

CI-CONTRE: *Une foule de visiteurs se pressent sur le Parvis, en bas de la façade de Notre-Dame. Au Moyen-Age, les nombreuses statues étaient richement peintes et se dressaient dans des niches dorées: une Bible de pierre.*

CI-DESSUS: *Un tuyau de descente des eaux à l'Hôtel de Lauzun. Son ornementation donne une idée de la splendeur de la décoration intérieure du 17ème siècle.*

CI-CONTRE: *Presque caché sur la rive droite, s'élève un château médiéval, l'Hôtel de Sens, résidence des Archevêques de Sens, métropolitains de Paris jusqu'en 1623.*

A L'EXTREME GAUCHE: *Les hautes eaux d'hiver recouvrent les berges, en bas du Quai d'Anjou et les arbres dépouillés laissent voir les beaux hôtels.*

CI-CONTRE: *Chaleur estivale. Rien de plus agréable que de déguster une bonne bouteille de vin entre amis sur le Quai d'Orléans.*

CI-DESSOUS: *Quai d'Anjou. Dans les années 1850, le poète Baudelaire avait un appartement à l'Hôtel de Lauzun, où le "Club des Haschischins" recevait, entre autres, Delacroix, Daumier, Balzac, Sickert, Rilke, Wagner...*

Sur la rive gauche, Quai de la Tournelle, se dressait le fort de "la Tournelle", qui, jusqu'en 1790, défendait Paris de ce côté. Sur le pont moderne, l'architecte a décentré avec art la statue de Sainte Geneviève, que peuvent voir les dîneurs de la Tour d'Argent. Plus à l'Est, en face du Pont Sully, s'élève l'Institut du Monde Arabe, une merveille d'architecture contemporaine.

Les quais de l'île St Louis offrent au promeneur un des endroits les plus plaisants pour lire, pique-niquer ou tout simplement s'asseoir avec son ami(e) de coeur en regardant passer le monde. L'île est un vivant exemple d'urbanisme du 17ème siècle, basé sur un lotissement réservant aux façades des grands hôtels particuliers la vue sur le fleuve et aux boutiques la longue rue centrale.

Coté Sud, on trouve les immeubles très à la mode et bien ensoleillés qu'affectionnent les célébrités dorées du jour. Marie Curie a habité au 8 Quai d'Orléans. C'est sur le côté Nord que l'on trouve les plus belles maisons: les gens de qualité s'y gardaient d'un bronzage jugé alors juste bon pour des rustauds. Une plaque commémore le séjour de Daumier au No 9 et, au No 17, les frondaisons cachent en partie la sobre façade de l'Hôtel de Lauzun.

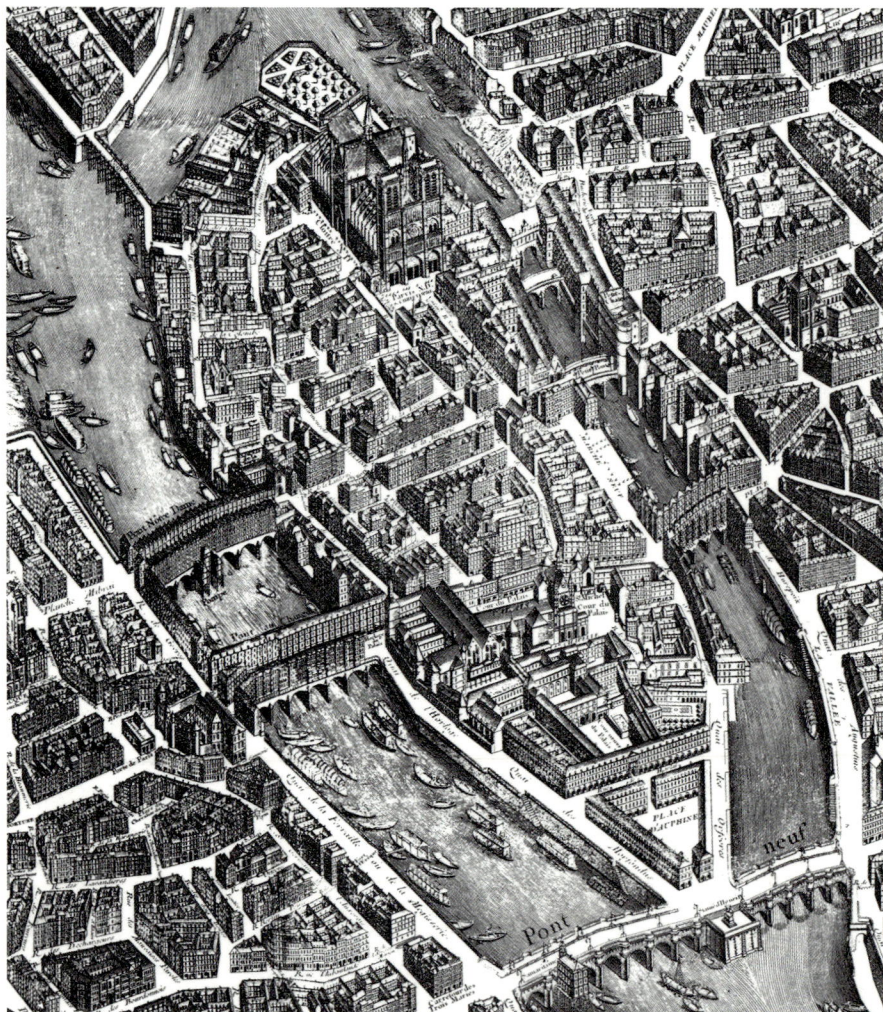

CI-CONTRE: *L'île de la Cité d'après le plan de Turgot, 1740. Le Nord est à gauche, l'Est en haut. Le quartier N.E. de l'île est encore très semblable à ce plan; les amateurs de romanesque remarqueront la rue Chanoinesse en pensant à Héloïse et Abélard. Les travaux d'Haussmann n'ont épargné que la Conciergerie et la Sainte Chapelle, à l'Ouest.*

La plupart des ponts sont surchargés de maisons; les quais aussi sont construits: il n'était pas facile d'apercevoir le fleuve.

Sur le Pont-Neuf, côté rive droite, une construction: la Samaritaine. Jusqu'en 1813, c'était une station de pompage de l'eau, ainsi appelée en souvenir de la femme de Samarie qui donna de l'eau à Jésus. De nos jours, le grand magasin tout proche en a "emprunté" le nom. Du haut de sa terrasse-café, l'on peut jouir d'une vue qui ressemble à celle-ci.

A DROITE: *On ne les oublie pas. Cette photo a été prise le 25 août 1990. Sur la plaque à la mémoire d'un héros de la Libération est gravée la date "25 août 1944".*

Le Pont Notre-Dame se trouve à l'emplacement de l'ancien Grand-Pont, brûlé par les envahisseurs vikings, les Normands, en 887. Le Pont au Change tira son nom, au 13ème siècle, des bijoutiers et changeurs qui habitaient ses maisons – d'où: Pont aux Changeurs et enfin Pont au Change.

A l'Ouest du Pont au Change se profile la massive façade de la Conciergerie, bâtie par Philippe le Bel au début du 14ème siècle. Ce nom de Conciergerie fut donné à une partie du palais occupée par le gentilhomme chargé de la sécurité de la résidence royale.

C'est en tant que prison que la Conciergerie a conservé l'essentiel de sa célébrité. L'infortuné Montgomery, capi-

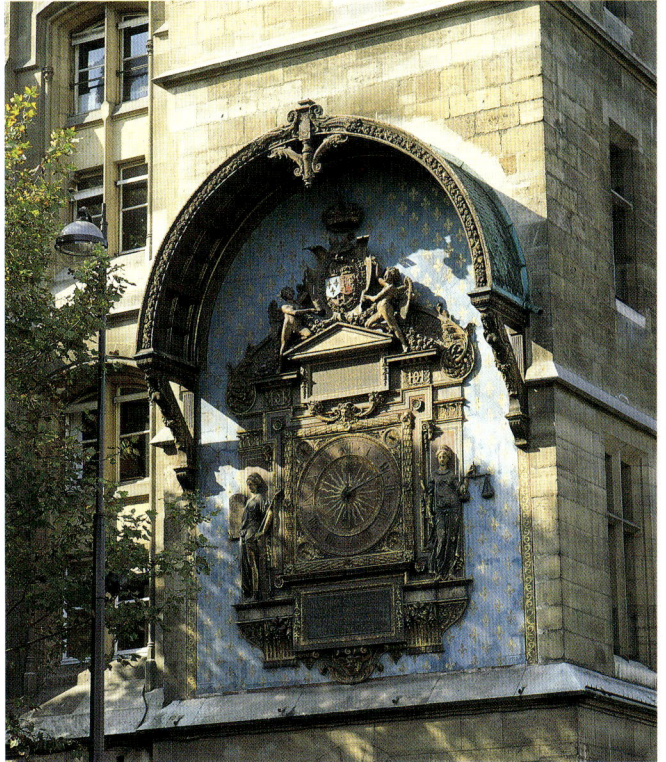

taine des gardes de Henri II, qui tua malen-
contreusement son souverain dans un
tournoi en 1559, y fut emprisonné avant
son exécution. L'application de la torture
aux malheureux prisonniers explique le
nom donné à la tour Ouest qui surplombe
le fleuve: "Bonbec", le bavard... Pendant la
Révolution, ce sinistre décor servit de
dépôt pour les 2 500 prisonniers voués -
sans délai! - à la guillotine. Marie-
Antoinette, Charlotte Corday, Mme du
Barry, Danton et Robespierre furent du
nombre. La visite du musée et des cachots
fait dramatiquement revivre cette époque.

Dans la haute tour carrée, au coin du
Pont au Change, se trouve la première horloge publique de Paris, dont les origines
remontent à 1370.

EN HAUT, A GAUCHE:
*En retrait du Quai de
Corse, Place Louis-
Lépine, se trouve le
Marché aux Fleurs
qui, le dimanche,
devient le Marché
aux Oiseaux.*

TOUT EN HAUT: *Les
murs et les tours de
la Conciergerie se
dressent au-dessus du
Quai de l'Horloge,
qui va du Pont au
Change jusqu'au
Pont-Neuf.*

CI-DESSUS: *L'Horloge.
"Cette machine qui
partage si justement
les heures en deux
fois six, nous
apprend à respecter
la justice et à
protéger les lois"
(cartouche inférieur).*

L'Hôtel de Ville

CI-DESSUS: *L'Hôtel de Ville de style néo-Renaissance remplaça celui incendié par la Commune en 1871. De nombreuses statues d'allégories et de personnages historiques célèbres en décorent l'extérieur.*

CI-DESSUS, A DROITE: *Jusqu'en 1830, la Place de l'Hôtel de Ville s'appelait Place de Grève. C'était autrefois une rive de sable en pente douce, une "grève", où l'on débarquait des marchandises et où se rassemblaient tous ceux qui cherchaient du travail. D'où l'expression "faire la grève", qui signifia d'abord "être sans travail".*

CI-CONTRE: *La Tour Saint-Jacques, seul vestige de l'église du 16ème siècle Saint-Jacques-la-Boucherie. C'est d'elle que les pèlerins partaient pour Saint-Jacques de Compostelle au Nord de l'Espagne. Une statue de Pascal rappelle ses expériences sur la pression atmosphérique.*

De la Seine, on n'aperçoit guère, sur la rive droite, que la tour de St Gervais-St Protais; c'est à pied que l'on peut apprécier toute l'extravagance de cette église, dédiée à deux jumeaux martyrisés sous Néron: elle fut commencée en gothique flamboyant et terminée au 17ème siècle en style gréco-latin.

La Place de Grève, devenue Place de l'Hôtel de Ville, était le lieu des exécutions publiques, souvent horriblement lentes quand il s'agissait de crimes de trahison; ici périt Ravaillac, l'assassin du roi Henri IV. Cet endroit a vu nombre d'événements majeurs. En 1357, Etienne Marcel, prévôt des marchands, persuada l'assemblée des échevins, qui existait déjà depuis cent ans, de s'installer ici, dans "la maison aux piliers". La municipalité y est restée jusqu'à aujourd'hui, dans un bâtiment du 17ème siècle et maintenant dans l'actuel. Les émeutiers s'emparèrent de l'Hôtel de Ville après la prise de la Bastille; il devint le

siège de la Commune révolutionnaire. C'est ici que furent proclamés l'avènement et la chute des régimes successifs. Le 25 août 1944, le Général de Gaulle y célébra la Libération de Paris devant une foule de 200 000 personnes.

Le Pont au Change débouche sur la Place du Châtelet, sur la rive droite; deux théâtres, oeuvres de Davioud en 1826, l'encadrent. Au centre, la Fontaine du Palmier et, au-delà, la Tour St Jacques.

CI-CONTRE: *Le Quai de la Mégisserie (de la tannerie). Ce n'est plus le quartier des abattoirs. Animaleries de toutes sortes et magasins de jardinage d'amateurs l'occupent maintenant.*

EN HAUT: *La Place du Châtelet, en face du Pont au Change, a remplacé le Grand-Châtelet, à la fois prison, tribunal de police et morgue. La colonne, napoléonienne, est surmontée d'une statue dorée de la Renommée.*

CI-DESSUS: *Le Pont des Arts est l'un des plus charmants de Paris. Réservé aux piétons, il est équipé de bancs, égayé de bacs de fleurs et offre une vue superbe. En amont, le vieux Paris, en aval le Louvre, les Tuileries et, au loin, le Grand Palais.*

Tout en fer, le Pont des Arts, construit en 1803, était une nouveauté architecturale. A son extrémité Sud se trouve l'Institut de France, sur l'emplacement de l'ancien Hôtel de Nesle qui, avec sa célèbre tour, était le bastion Ouest des défenses de Paris.

A la suite d'un legs de Mazarin, on abattit la tour en 1663 pour construire le Collège des Quatre Nations (actuellement Institut de France). Le collège était destiné à l'éducation de soixante jeunes gens provenant des "Quatre Nations" (Piémont,

Alsace, Artois, Roussillon) récemment réunies à la Couronne. Sous la Terreur, le Comité de Salut Public y siégea, envoyant à la guillotine des centaines de personnes. Napoléon assigna les bâtiments à l'Institut de France, réunion de quatre Académies: celles des Inscriptions et Belles Lettres, des Sciences, des Sciences Morales et Politiques, et bien entendu l'Académie française.

Contigu à l'Institut, donnant sur le Quai de Conti et en face du service fluvial des pompiers, se trouve l'Hôtel des Monnaies, "la Monnaie".

CI-CONTRE: *Bien que les "Immortels" de l'Académie y pénètrent par ce majestueux portail, l'Institut se signale par une discrète plaque de numéro de rue.*

TOUT EN HAUT: *Dessinés par Le Vau pour s'harmoniser avec le Louvre, de l'autre côté de la Seine, les ailes incurvées et le dôme de l'Institut rendent hommage à l'érudition.*

CI-DESSUS: *Sur le Pont des Arts, un artiste tire parti de la vue: l'île de la Cité et le Quai de Conti réunis sur une toile.*

CI-DESSUS: *Du palais des Tuileries, seuls subsistent les jardins de Le Nôtre. On peut y flâner, s'y rafraîchir, s'y détendre sous les ombrages; les enfants y font voguer des bateaux à voiles sur le bassin.*

A DROITE: *Sur ce tableau de Verwer, du 17ème siècle, on peut voir ce qui restait du Louvre en tant que forteresse. La nuit, une chaîne allant de la Porte Neuve à la Tour de Nesle barrait le fleuve. Au loin, le Pont-Neuf, et partout des gens, des bateaux, des chevaux, des coches.*

Entre le Pont-Neuf et le Louvre, sur la rive droite, se dresse l'église Saint-Germain-l'Auxerrois, du 12ème siècle pour l'essentiel. Une touche d'humour dans le portail (un diablotin essaie de souffler le cierge de Sainte Geneviève) contraste avec l'événement majeur auquel est associée l'église: sa cloche donna, dans la nuit du 24 août 1572, le signal du massacre de la Saint-Barthélémy, dans lequel périrent des milliers de protestants.

Le nouvel accès à ce qui deviendra le "Grand Louvre", développement du musée actuel, qui occupera l'ensemble des bâtiments, éblouit – ou horrifie – les visiteurs de ce musée mondialement connu. Au Louvre se trouvent quelques-uns des plus grands trésors d'art que connaisse l'humanité, y compris la Vénus de Milo, le scribe accroupi, et des oeuvres de Léonard de Vinci, de Michel-Ange, de Cimabue, de Giotto, du Greco et de Rembrandt.

Le Pavillon de l'Orangerie, côté Seine, est un agréable petit musée qui contient des oeuvres de Renoir, Cézanne et Matisse, ainsi que les célèbres nymphéas de Monet.

EN HAUT: *Une photo inhabituelle, à 140°, prise de la Cour Napoléon du Louvre, avec la sensationnelle pyramide de Pei et, au-delà, l'Arc de Triomphe du Carrousel sur l'ancien terrain des parades équestres ("carrousels").*

CI-DESSUS: *En contrebas du Quai des Tuileries, les berges attirent les "bronzeurs", quelquefois excessivement déshabillés. Les berges sont un lieu de prédilection pour les promeneurs, les amoureux.*

Le Quai Voltaire

CI-DESSUS: *Sur un terrain acheté en 1897, la Compagnie des Chemins de Fer d'Orléans avait fait construire par Victor Laloux une gare et un hôtel. Devenus superflus soixante ans après, c'est maintenant le Musée d'Orsay.*

CI-CONTRE: *La transformation de l'ancienne gare d'Orsay est particulièrement réussie: la maçonnerie a servi à orner et mettre en valeur l'intérieur; les installations de la vieille gare ont fait l'objet de subtiles modifications.*

Le Quai Voltaire s'étend, sur la rive gauche, du Pont du Carrousel au Pont-Royal. En 1723, Voltaire habitait l'hôtel situé au No 27, au coin de la rue de Beaune, à l'Est du Pont-Royal. Il en partit à cause du bruit. Après des années d'exil à Genève, il y revint pour y mourir quelques semaines plus tard, en février 1778.

Au 19 Quai Voltaire, l'Hôtel Voltaire devint un hôtel pour voyageurs en 1857. C'est là que Baudelaire acheva Les Fleurs du Mal, Wagner Les Maîtres Chanteurs. Oscar Wilde, lui aussi, y séjourna.

C'est au Musée d'Orsay qu'il faut aller pour voir quantité de sculptures et de tableaux des meilleurs artistes entre 1848 et 1914, principalement des Impressionnistes. Dans les années 1960, l'édifice fut menacé de démolition. Fort heureusement, on s'accorda sur le besoin d'un musée qui comblerait le vide entre les collections du Louvre et celles du Musée d'Art Moderne au Centre Pompidou; la gare d'Orsay fut choisie pour devenir le Musée d'Orsay. Les expositions suivent en général l'ordre chronologique, bien que le fléchage laisse à désirer. Toutefois, la richesse des collections qui comprennent tableaux, pastels, sculptures, photographies et mobilier, compense largement ce défaut.

EN BAS, A GAUCHE: *Vus de la terrasse en haut du Musée d'Orsay: le jardin des Tuileries, les toits verts de l'Opéra et, au loin, le Sacré-Coeur.*
CI-DESSOUS: *Au 13 Quai Voltaire ont habité quelque temps Delacroix et aussi* Courbet. Ingres est *mort au No 11.*
EN BAS, A DROITE: *La porte de la Caisse des Dépôts isole sa cour de la circulation sur le Quai Anatole-France et le Pont Royal. La cour elle-même sert de cadre à une sculpture de Dubuffet.*

Le Pont de la Concorde fut construit entre 1788 et 1791 et contient des pierres de taille provenant de la Bastille. Il fait partie de tout un complexe de bâtiments et de voies publiques allant du Palais-Bourbon sur la rive gauche à l'église de la Madeleine au-delà de la Place de la Concorde. Pour compléter cet ensemble, l'arrière du Palais-Bourbon a reçu une colonnade corinthienne qui répond à la façade de la Madeleine; l'entrée se trouve de l'autre côté. Il devint le lieu de réunion du Conseil des Cinq-Cents; le nouveau bâtiment est le siège de l'Assemblée Nationale. Plus à l'Ouest, sur le Quai d'Orsay, se trouve le Ministère des Affaires Etrangères, achevé en 1857.

Avec sa forme octogonale, la Place de la Concorde correspondait tout à fait au style de vie du flâneur du 18ème siècle; elle fut aussi le théâtre de terribles événements sous la Terreur. Richard Le Gallienne rappelle que c'est sur cette place de gaieté et de lumière qu'officiait Monsieur Sanson, le bourreau, habillé à la dernière mode, une

PAGE DE GAUCHE, EN HAUT: *La Place de la Concorde est dominée par l'obélisque de Louqsor, de 23 m de haut, don de Méhémet-Ali, vice-roi d'Egypte, en 1829.*

CI-CONTRE: *Le Grand Palais, comme le Petit Palais qui lui fait face, fut bâti pour l'exposition universelle de 1900. Les deux monuments font étalage du style exubérant de l'époque.*

EN BAS, A GAUCHE: *Seule survivante des établissements de bains flottants de Paris, la piscine Deligny se présente maintenant comme une piscine classique. Elle est amarrée ici depuis 1842.*

fleur à la boutonnière. C'est ici que les charrettes où étaient entassés aristrocrates et femmes du monde, et qu'entouraient les Gardes Nationaux à la moustache féroce, déchargeaient leurs passagers avant que ceux-ci ne jettent un dernier regard, hautain ou moqueur, à travers ''la petite fenêtre'' et ''n'éternuent dans le panier'' de sciure, comme l'exprimait l'horrible jargon de leurs assassins.

CI-DESSUS: *L'Hôtel de Crillon se trouve à l'extrémité Sud des grandes demeures du 18ème siècle, sur le côté Nord de la Place de la Concorde. L'entrée faisait face à la guillotine, située près de la statue de Brest.*

PAGE DE GAUCHE, EN BAS: *Le Palais-Bourbon, sur la rive gauche.*

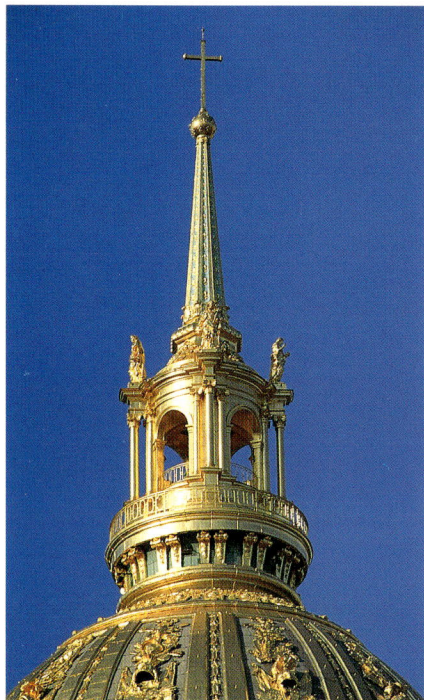

La situation critique des vétérans âgés ou infirmes avait de longue date préoccupé les rois de France et ce fut Louis XIV qui prit des mesures pour résoudre le problème en construisant un hôtel pour 4 000 invalides. "La plus grande pensée de mon règne", disait-il. Le choix de l'architecte se porta, en 1671, sur Libéral Bruant et, en 1674 l'Hôtel des Invalides put accueillir ses premiers pensionnaires. Après le décès prématuré de Bruant, Mansart prit la suite. La façade présente en son milieu une grande arche au-dessus d'un bas-relief de Louis XIV à cheval et vêtu à la romaine. Mutilé pendant la Révolution, il fut restauré en 1815.

De nos jours, les Invalides abritent le passionnant Musée de l'Armée et les tombes de héros militaires. Les deux églises sont dédiées à Saint Louis. La première, l'église des soldats, classique et austère, est l'oeuvre de Bruant. La seconde, surmontée du dôme de Mansart, est son chef-d'oeuvre baroque. La Cour d'Honneur, théâtre de cérémonies solennelles, est un magnifique exemple de l'oeuvre de Bruant. C'est ici qu'eut lieu la dégradation publique de Dreyfus.

A GAUCHE: *Le dôme de la seconde des deux églises des Invalides est un ajout de Mansart en 1706. Des feuilles de plomb (260 tonnes) recouvrent une charpente en bois et offrent une délicate décoration en placage d'or (6 kilos en 360 000 feuilles!). C'est un des principaux points de repère de Paris.*

A DROITE: *Dans la sérénité du soleil levant, le Pont Alexandre III enjambe la Seine d'une seule arche de 109 mètres de long et 40 de large. Son profil surbaissé sauvegarde la vue sur les Invalides.*

CI-CONTRE: *L'église du Dôme, sur le côté Sud des Invalides, renferme les tombeaux des héros nationaux, dont le plus célèbre est celui de Napoléon. Sa dépouille mortelle fut ramenée de Sainte-Hélène en 1840.*

CI-DESSOUS: *Le soleil matinal illumine les statues équestres monumentales qui bordent le Pont Alexandre III.*

CI-CONTRE: *La somptueuse décoration du pont résume toute la "Belle Epoque". L'emploi de la fonte est d'une habileté admirable. Le pont fut construit pour l'exposition de 1900.*

CI-DESSUS: *A l'écart de la ruée des voitures sur l'avenue de New York, une dame de pierre se repose à l'extérieur du Palais de Tokyo.*

A DROITE: *Le Pont de l'Alma est récent, mais près de la rive droite, vers l'amont, on remarque la statue d'un zouave, un fantassin de l'armée française d'Afrique. En cas d'inondations, l'importance des crues est indiquée par le niveau qu'atteignent les eaux sur son corps: souvent ses pieds, rarement sa poitrine, une seule fois, en 1910, son menton.*

Devant l'église américaine de Paris, le Quai d'Orsay fut construit au début du 18ème siècle, et élargi cent ans plus tard, en y incorporant la petite Ile des Cygnes, où l'on avait rassemblé après la Saint-Barthélémy les corps des protestants assassinés. Au 16ème siècle, l'île était connue sous le nom d'Ile Maquerelle; certains y voient une contraction de "mâle-querelle", car les duellistes avaient coutume de s'y rencontrer. En 1676, Louis XIV y introduisit des cygnes importés du Danemark et de Suède, d'où le nouveau nom.

Le Palais de Tokyo abrite le Musée d'Art Moderne de la Ville de Paris, les collections nationales étant au Muséc d'Orsay et au Centre Pompidou. Les principales écoles d'art du 20ème siècle y sont représentées, avec des oeuvres de Valadon, Modigliani et Chagall. La plus grande toile du monde, dit-on, se trouve ici: c'est La Fée Electricité de Dufy. Le grand tableau de Matisse, La Danse, y figure également.

EN HAUT, A GAUCHE:
Une terrasse de café Place de l'Alma: un délassement bien agréable devant un verre.

EN HAUT, A DROITE:
Place de l'Alma, sur la rive droite, s'élève le monument aux combattants de la Résistance pendant la seconde guerre mondiale. Vue de l'Ouest, la perspective de l'Avenue Montaigne attire le regard vers l'imposant Sacré-Coeur.

CI-CONTRE: *Le Palais de Tokyo fut construit pour l'exposition universelle de 1937. Impressionnant sans être écrasant, c'est un bel exemple de l'architecture monumentale de son temps.*

La Tour Eiffel

CI-DESSUS: *La Tour Eiffel, le Pont d'Iéna et l'Avenue du Président Kennedy sur la rive droite, vus du Pont de Bir-Hakeim.*

CI-CONTRE: *Une des grandioses vues de nuit, la Tour Eiffel et les fontaines lumineuses des jardins du Trocadéro, depuis le Palais de Chaillot. Au-delà, l'Ecole Militaire et, sur la gauche, le dôme des Invalides.*

Le Quai Branly, sur la rive gauche, est dominé par la Tour Eiffel. L'exposition de 1889 devait célébrer le centenaire de la prise de la Bastille et il suffit de 200 ouvriers pour construire, en 26 mois, le chef-d'oeuvre de Gustave Eiffel. La construction coûta 7 millions et demi de francs-or; les entrées rapportèrent 6 millions la première année.

La Tour Eiffel mesure 318 mètres de haut et pèse environ 7 000 tonnes. Si on la comprimait en un parallélépipède délimité par ses quatre pieds, elle n'aurait plus que 9 cm de haut. Et le volume d'air contenu dans un cylindre de sa hauteur et ayant comme base un cercle circonscrit autour de ses pieds pèserait plus que la tour elle-même... Mais la Tour est, avant tout, le symbole de Paris.

CI-CONTRE: *Le Champ-de-Mars était à l'origine un champ de manoeuvre; il devint ensuite un lieu de rassemblement populaire, entre l'Ecole Militaire (1772) et la Seine. D'ici, entre autres, s'envolèrent les premières montgolfières et les premiers ballons gonflés à l'hydrogène (1783). Lors de l'exposition de 1889, 35 000 maires de France y participèrent à un gigantesque banquet. Aujourd'hui, le Champ-de-Mars est surtout couvert de jardins.*

CI-DESSUS: *Du sommet de la Tour Eiffel, on peut voir l'étendue des jardins du Trocadéro qu'embrassent les ailes du Palais de Chaillot.*

CI-CONTRE: *L'esplanade du Palais de Chaillot est souvent noire de monde: touristes, amuseurs, vendeurs de jouets et de souvenirs. Ici, une danseuse de claquettes "fait la manche". A l'arrière-plan, le dôme des Invalides.*

Du Pont d'Iéna, le allées et les bassins des jardins du Trocadéro montent vers les deux ailes du Palais de Chaillot. De la colline sur laquelle il est bâtit, l'on jouit d'une vue superbe – de même qu'au 16ème siècle, quand Catherine de Médicis s'y fit construire un petit château à quelque distance de la ville. La colline prit le nom de Trocadéro en 1827, en souvenir d'une modeste victoire en Espagne. Le monument actuel fut érigé à l'occasion de l'exposition de 1937; il abrite aujourd'hui quatre musées spécialisés.

Le Musée de la Marine présente les navires de guerre et marchands sous tous leurs aspects, dont le plus spectaculaire consiste dans les maquettes de très anciens bateaux. Le Musée de l'Homme s'intéresse au genre humain, avec des collections provenant du monde entier, notamment

CI-DESSOUS: *Le trottoir à côté des bassins est une piste parfaite pour le slalom en roller-skates.*

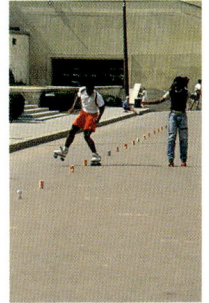

CI-CONTRE: *Un canard solitaire sous les statues des métallurgistes qui entourent le monogramme de la République française, sur le Pont de Bir-Hakeim.*

EN BAS, A GAUCHE: *"La France renaissante", statue de Wederkinch, sur le Pont de Bir-Hakeim. Le pont est à deux niveaux: la rue au-dessous, la ligne de métro au-dessus.*

sur les Esquimaux, les musulmans d'Afrique, les habitants des îles du Pacifique, les aborigènes d'Amérique, les Aztèques, les Mayas. Le Musée des Monuments français permet d'apprécier l'évolution des styles architecturaux et décoratifs à travers toute la France, depuis le haut roman jusqu'à la fin du 19ème siècle. Enfin, le Musée du Cinéma en retrace l'histoire, des origines à nos jours, cependant que la Cinémathèque projette trois ou quatre films quotidiennement.

Le nom "Pont de Bir-Hakeim" rappelle l'héroïque fait d'armes de la Ière Division Française Libre, en 1942. Alors que les troupes de Rommel avançaient, une ligne de défense fut établie sur 75 km, de Tobrouk à Bir-Hakeim. Bien que débordés et presque encerclés, les Français résistèrent jusqu'au bout et purent finalement s'échapper.